Hinter blauen Augen

ANDREA HOFMANN

Hinter blauen Augen

Gedichtsammlung

Bibliografische Information der Deutschen Nationalbibliothek:
Die Deutsche Nationalbibliothek verzeichnet diese Publikation
in der Deutschen Nationalbibliografie; detaillierte bibliografische
Daten sind im Internet über http://dnb.dnb.de abrufbar.

© 2018 Andrea Hofmann
Satz, Umschlaggestaltung, Herstellung und Verlag:
BoD - Books on Demand

ISBN: 978-3-7460-7219-7

Die Wahrheit zu definieren, wäre nichts anderes, als zu lügen.

Inhalt

Über die Autorin

Bereits mit zwölf Jahren begann die Autorin Lyrik als ihr Kommunikationsmittel zu nutzen. Schreiben dient ihr als Aufarbeitung und Sinnsuche. Die oft melancholischen, später dann auch positiveren Gedichte aus der Zeit von 2004 – 2018 sind Zeugen des Erwachsenswerdens und der Persönlichkeitsfindung.

Die Autorin, geboren 1987, lebt mit Mann und Sohn in Oberfranken. Nach ihrem Lehramtsstudium hat sie sich u.a. als Korrektorin und Dozentin selbstständig gemacht (www.die-deutschwerkstatt.de).

Vorwort

Hinter blauen Augen

Feuer in mir.
Meine Augen funkeln mich aus dem Spiegel an.
Im Dämmerlicht glänzt meine Haut.

Ich schwitze.
Ich friere.

Ich verzehre mich danach,
zu sein.

Doch sind da diese Fragen,
die mich halten.
Zurückhalten.
Vor mir selbst.

Darf ich es?
Hinter all den Mauern der Vernunft.

Darf ich anders sein?
Ohne mich zu verlieren.

Melancholie

Suche

Immer noch
auf der Suche nach Wahrhaftigkeit,
neben all den Träumen,
die zu viel vom Leben versprechen.

Denn
Realität
ist das größte Übel,
wenn es darum geht,
einen Weg zu finden,
der alles beherbergt,
um glücklich zu sein.

Stille

Die Stille formt mir Worte
im Gleichklang zur Musik,
wiegt mich auf dem seichten Band
ins Land der Tränen.

Das Herz steht nicht still,
pocht im Rhythmus der Gedankenflut,
macht mich ängstlich bang
und verleiht mir goldne Schwingen.

Der Wind von Norden
erzählt von Meeresträumen,
schleicht sich in Gefühle,
um Trauer zu verbreiten.

Die Helligkeit des Tages
erscheint trist und einsam mir,
klagt von unerfüllten Taten,
warnt vor verlor'n gegang'ner Zeit.

Einst

Und dann zieht das Leben vorbei,
hinterlässt Bruchstücke von Erinnerungen.
Die Zeit vergeht ohne mich,
verbleibt schmerzlich im Herzen,
erinnert an vergangene Tage,
die ich einst Leben nannte.

Neben mir

Voll Demut steh ich neben mir
und blick auf die verlor'ne Zeit.
Scheint der Weg auch einfach hier,
sind meine Füße nicht bereit.

Wehe mir – erkenn ich doch,
was meine Pflichten sind
und doch verharr ich noch,
wie ein ahnungsloses Kind.

Wer schürt das Feuer?
Wer bricht das Kind?

Da kam die Zeit, das Ungeheuer,
und die Chance verflog im Wind.

Nie?

Nie werd ich's lassen können,
Unglück zu suchen,
wo keines besteht.
Nie werd ich wohl verstehen,
was es heißt,
blind zu vertrauen.
Nie werd ich ändern können,
was mir auferlegt ist.

Eine verhängnisvolle Leere breitet sich aus.
Ein flüchtiger Blick im Wesen der Zeit,
eine milde Geste, mich beschwichtigend,
ich könnte ihr trauen und sie lieben lernen.

Doch versperren Gedanken,
bedecken Gefühle,
den ach so langen Weg,
dem es zu folgen gilt,
um fündig zu werden,
um nur einmal zu halten,
was man Glück nennt,
was man Liebe nennt.

Zu offensichtlich zu verbergen,
zu tückisch eingeschlichen in die Vernunft,
zu beständig geltend alle Tage.

Mauern

Dunkel.
Nur entseelte Schemen im Zwielicht.
Scheinbar auf ewig verloren
das helle Gefühl jener Zeit.

Angstvoll stehe ich,
neben mir,
und neben dem,
das ich vergaß zu kennen.

Kein bisschen übrig.

Nicht zu erkennen,
was mich aus der Bahn warf,
in ein Loch so tief, ohne Halt,
nur bodenlose Verzweiflung.

Angst,
alles zu vergessen,
worum es uns ging.

Was ist es,
das es mir unmöglich werden lässt,
meine Stärke,
meinen Willen,
meinen Mut,
für einen Weg zu gebrauchen,
der mich ans Ziel führt?

Sehnsüchte, Träume, Wünsche.
Fernab jeglicher Erfüllung.

Wie soll wahr werden,
was verborgen bleibt
hinter einer Wand aus
Unentschlossenheit, Unsicherheit und Unfähigkeit zu erkennen,
was wirklich für mich zählt?

In der Schwebe

Haltlos. Atemlos. Wenn ich schwebe.
Und doch viel zu schwer, um schwerelos zu sein.

Kein Hochgefühl, kein Freudentanz,
an den Boden gekettet durch zu viel Schicksal.

Zu viel Wendung in diesem Moment.
Ändern wird sich, was sich ändern muss.

Ich selbst, stumm und fragend.
Wann kam die Abzweigung, die ich verpasste?

Wo ist der Sinn, wenn ich meinen Weg kannte,
wenn ich kämpfte und doch verlor?

Die Weichen stellen sich,
fern der Richtung meiner Träume.

Viel zu schlecht, um noch zu sagen,
dass es schlecht ist.

Nur schweigend, resignierend, hinnehmend.
Schwebend im Wandel der Zeit.

Mein Chaos

Es ist so laut, dieses Chaos
und klingt so dunkel in meinem Ohr.
Nun beneid ich den, der nicht hört,
wie sich der Leichtsinn dem Zweifel beugt.

Ich stelle mich stumm und taub
und bin gleichsam hilflos, wie tot,
keine Hilfe, kein Balsam für Wunden,
keine Antworten, nur weitere Distanz davon.

Meine Hand giert danach zu greifen,
was nicht greifbar ist.
In mir brennt ein Hunger,
nach dem, das mich trägt.

Was fehlt, ist die Ordnung
und der Mut zur Veränderung.
Was fehlt, ist die Stimme,
mein Chaos zu beherrschen.

Vergangen

Verblasste Bilder auf vergilbten Seiten.

Vergessene Momente aus vergangenen Tagen,
verworrene Gedanken im verdrehten Sinn,
verdrängte Gefühle voll von verlorenem Glück.

Verblasste Bilder der vergänglichen Zeit.

Wirklichkeit?

Alles läuft.
Alles dreht sich.
Stehend inmitten des Geschehens,
ich, neben mir und meiner Welt.
Und die einzige,
schmerzliche Frage,
die sich mir stellt,
ist: Passiert es?

Alles, was ich höre,
alles, was ich sehe,
alles, was ich tue,
hört, sieht und tut ein anderer.
Fremd im eigenen Sein.

Keine Wirklichkeit lebt länger in mir.
Kein Funken Ich ist zu erkennen,
wenn ich aus meinem Handeln erwache.
Nicht wissend, was mich dazu bewegte.
Nicht erkennend, wann ich mich darin verlor.

Immer noch zu stolz zuzugeben,
dass ich keine Kraft mehr habe.

Ich schöpfe aus Erinnerungen,
aus Mustern, die ich mir webte,
als die Wirklichkeit mich noch trug.

Halb

Zu laut.
Mein Verstand klirrt in dieser haltlosen Leere.
Keiner da.
Gezerrt in so viele Richtungen, dass ich nur fallen kann.

Aufprall – drei Minuten vor der Zeit.
Halbtot und so verzweifelt bettelnd um eine Antwort.

Zu leise.
Mein Herz pocht in einem fremden Rhythmus.
Alle da.
Abgenommen alle Entscheidungen, dass ich nur warten kann.

Erkenntnis – drei Minuten nach der Zeit.
Halblebend und so sehnsüchtig hoffend auf eine neue Richtung.

Wie ein Wort

Ich bin nur wie ein Wort,
das in mir lebt.
Äußert sich nicht,
doch ringt um Gehör.

Weiß noch nicht,
wie es heißen soll.

Obgleich
das Wissen,
mehr zu sein,
in mir liegt.

Ein Wort mehr
sprengt die Ketten.

Doch spricht es nur der,
der mich erkennt.

Chamäleon

Blasse Zeit, komm spiel mit mir.
Deine geisterhaften Helden grauenvoll entzückt
träumen noch vom Glanz des wandelnden Saphirs.
Gefühllos kommt der Sinn in mir zurück.

Es grünt so schön der Tod an meinem Fenster.
Der Spiegel zeigt nur Augen blau in blau
bis du ihn silbern-splitternd niederbrennst – er
fängt die Himmelstöne, sie wogen rötlich, schau

nur zu, wie deine graue Zeit entrinnt.
Wie sehnt es mich das Weiß zu spüren,
das auf meinen Händen lag, wer gewinnt,
an Gefühl, der verliert, wenn wir führen.

Wir führen. Und der Wandel bebt
uns so grünäugig entgegen
wie ein Etwas, das leblos lebt.
Es spricht seinen schwarzen Segen.

Dunkle Wärme

Die Dämmerung zeigt ihr rotes Gesicht,
als weiße Flügelschläge kreisen
und die wogend-dunkle Gischt
die Abendsonne streift.

Graues bebt, das Weiß erlischt
als meeres-schwarzer Nebel
sich in Träume mischt.

Im Sommer, der ein Winter war.

Orkantag

In mir ein Feuer
in tiefroter Nacht,
stürmender Wille
wird singend entfacht.

Um mich die Leere
im Auge des Sturms,
gipfeln die Wünsche
im Dunkel des Turms.

Eingebrannt

Wie die Melodie
des Windes
brannte sich
diese Sekunde
in mein Herz.

Jene Sekunde
in der ich
mich
erkannte.

Meine Flüchtigkeit
meine Tragik
meine Wehmut
meine Sehnsucht.

Ich hoffe
ich brenne weiter
spiele ein Lied
in jemandes Wind.

bittersüße liebe Liebe

Sag kein Wort

Sag kein Wort,
zerstöre nicht, was kaum begonnen,
lass uns Halt im Schutze dieser Stille finden,
und mach den Augenblick zur Stunde nun.

Sag kein Wort,
ich weiß, du spürst dasselbe,
so zeige wirkungsvolle Taten,
um Gefühlen Ausdruck zu verleihen.

Sag kein Wort,
denn jedes Wort wär' nun zu viel,
überflüssig, bei diesem Blick in deinen Augen,
der all deine Geheimnisse verrät.

Sag kein Wort,
lass die Stille endlos werden,
lass sie uns verbinden,
um unsre Herzen zu entflammen.

Sag kein Wort,
willst du mich halten,
so wie es ist, so lass es sein,
zwei liebende Begleiter in Stille vereint.

Sag kein Wort,
bleib nur an meiner Seite,
verweil mit mir, so weit die Stille reicht,
und leiste somit deinen Schwur.

Versprich es mir, doch sag kein Wort.

Süße Liebe

Das milde Gift der ach so süßen Liebe
macht mich für des Lebens Wahrheit viel zu träg.
Umrankt mein Herz mit starkem Triebe,
benebelt, verwirrt, legt Sinne schräg.

Meine Schritte so taumelnd,
meine Blicke noch scheu,
meine Seele gar baumelnd
in Gefühlen so neu.

Gefangen

Ganz sanft berühren mich deine Blicke
in der Unendlichkeit unserer Zeit.
Neue, heiß entflammende Wonne
im bittersüßen Schmerze unseres Seins.

Wogend, tobend, bebend, mein Herz.
Hungriges Meer deiner Augen, mich verzehrend,
wehrlos versunken im Rausch der eigenen Sinne.
Kein Vor, kein Zurück, nur blindes Verlangen.

Ein Blick von dir birgt tausend warme Bilder,
doch unerahnt, die starre Kälte deines Herzens.
Erloschene Glut, mir unfähig zu schüren,
schweigende Leere zwischen unseren Welten.

Dem, was du bist, gänzlich verfallen,
verliere ich nun das, was ich bin.
Zu mühsam oft die Sünden gezählt,
zu lange geglaubt, ich könnt' dein Trugbild lieben lernen.

Was soll es?

Licht.
Bricht sich.
Ewiglich.
Ich seh dich.
Seh dein Gesicht.
Und das Lächeln in deinen Augen.

Alles.
Könnt dahinter
verborgen
und verhüllt sein.
Ich weiß nicht.
Was soll dieses Lächeln bedeuten?

Aus einer Laune heraus
könnt ich dich lieben.
Weil die Nacht jung ist
und ich mehr will.
Vom Leben.

Du, mein Licht

Aus meinen steten Sorgen,
die du dir Nacht für Nacht
unter meiner Wehmut anhörtest,
wandeltest du den Lichtblick,
der dann und wann
das Dunkel durchbrach.

Wie schwer zu ertragen,
dich nun nicht vor Augen zu haben.
Wie schwer der Ferne zu wissen,
die dich von mir trennt.

Denn wie war jeder Augenblick voll Sonne,
nie durstig nach dem Schatten einer Pause.
Denn wie groß ist mein Dank
an dich, der du einfach bist.

Deinen Wert zu beschreiben fehlen Worte,
wie dem Sommersturm die leere Ruhe.
Und der Gedanke an deinen Verlust
weckt in mir einen Sturm der Leere.

Möcht dasselbe

Ich möcht mit dir
dieselbe Sonne aufgehen sehen,
dasselbe Donnergrollen hören,
denselben ersten Tropfen entdecken,
unter demselben dunklen Gewitterhimmel stehen
und danach dieselbe regenssüße Luft schmecken.

Ich möcht mit dir
denselben Wind verspüren, der dich erfasst
dieselben Lieder kennen, die in dir klingen,
dieselben Dinge wissen – was du liebst, was du hasst,
dieselbe Zeit erleben, mit dir verbringen.

Ich möcht mit dir
dasselbe sehen können, was du siehst
dasselbe Wort im gleichen Sinne meinen
dieselbe Richtung nehmen, die du gibst
und dieselben Tränen wie du weinen.

Ich möcht
dasselbe, das ich sage, fühlen,
und auch von dir dieselbe Ehrlichkeit.

Ich möcht
dieselbe Sicherheit verspüren,
wie in den ersten Tagen derselben Zeit.

Doch dann stehen wir voreinander und sehen vorbei.

Nie wird es
dieselbe Sonne,
derselbe Himmel,
derselbe Wind sein.

Nie werden wir in
dieselbe Richtung gehen.
Nie zur selben Zeit.

Es ist einfach
nicht
dieselbe Welt.

Dich malen

Wär' ich ein Künstler nur, um einzufangen,
dein holdes Wesen mit allen seinen Farben.
Gar durchs Blatte drängt sich mir ein mild Verlangen,
ein wütendes Feuer in steten Herzensnarben.

Und selbst die dunkelsten Facetten,
ausgelöscht durch Pinselhand, so schwungvoll-schnell.
So würd' zum Leben ich erwecken,
was dunkel war – und nun ist's hell.

Nicht schöner malen dich, als ohnehin.
Und selbst des Malermeisters aufgetragnes Gelb
verliert an deinem Sein den Sinn,
das mir so leuchten lässt die ganze Welt.

Dank dir – mein sonnengelber Sonnenschein,
mein tiefblau verträumtes Meer,
lass deine Farbe Trost mir sein,
schmerzt doch der Abschied stets zu sehr.

Wir

Des Nachts konnt' ich nicht schlafen,
wache Träume fingen mich ein
und erzählten mir von dir,
bis der Tag erwachte und ich schlief.

Des Tages erwacht' ich erneut,
als ich deine Gedanken spürte
und meine Gedanken hinweg träumten,
zu dem Ort, an dem der größte Traum wohnte.

Und zwischen all dem Wachen und Träumen
verschwamm die Grenze zwischen Tag und Nacht,
verschwamm ein Du und Ich.
Im Traum vom Wir.

Eis

Eis
inmitten der Sonne
bedeckt
mein glühendes Herz

Schatten
werfe ich
lautlos
in den Raum

So klein
neben dir
so weit entfernt
und doch dir gleich

Dein Schatten
übertrifft den meinen
um Längen
und Längen

Und Längen
während ich
harre
in der Nichtigkeit

Ist dein Wesen
frei genug
groß genug
sich meinem zu nähern?

Wirst du
die Sonne sein
zu schmelzen
mein Eis?

Entwurzelt

meine
welke Kraft
zierlich Musik geworden
stirbt abseits der Existenz
entwurzelt
u
n
s

Tausend Augenblicke

Tausend Augenblicke
bunter Farben
spielen eine Melodie.

Trägt mich wogend auf und nieder,
während alle steifen Glieder tanzen wollen.

Singend und lachend,
bis Stunden zu Tagen vergehen
und ein einziges Jahr so nichtig scheint
wie eine Sekunde unachtsamen Schlafes.

Aus dieser Trance
erweckt mich nur der Schmerz
beim Gedanken daran,
dass unser Lied verstummt
und all die Farben verblassen.

Dass wir weniger sind
als tausend holde Augenblicke,
die sich zu unserer Geschichte reihen.

Dass wir uns nicht länger tragen können
und alles, was glänzt,
doch nur grau ist.

Und gewöhnlich.

farblos/vergessen

nachhallend
doch fast vergessen
wie
es sich anfühlt

süße Stiche
Finger suchen

fast vergessen
wie
es sich anfühlt
zu träumen

uferlos
nachhallend
deine Farben
die du mir schenktest

gelähmt
von all den Möglichkeiten

wie
ich zehre
aus den Tagen
doch
schwarz auf weiß
das Echo

Es schleicht sich ein.

das Rot
leidenschaftsloser
das Blau
– der Himmel und oh, deine Augen –
sie alle
verblassen
in der Zeit
zu Grau

Die Farben
die du mir schenktest

uferloses
Versprechen

Nur ein Nachhall
von dir
bis sie sterben
wie du
wie ich

farblos.

Zeitlichkeit

Weißt du noch
wie ich dir vorlas
aus deinen Augen?

Weißt du noch
wie ich Wörter sprach
von deinen Lippen?

Weißt du noch
wie mein Herz ruhte
in deiner Hand?

Weißt du noch
welche Farbe hatte
der Tod?

Weißt du wann
endete die Ewigkeit
in unserem Blick?

Veränderung

Herbstoptimismus

Ich sehe dem Herbst zu,
den sich immer wandelnden Farben.
Und mit jedem gelben Blatt
vergehen auch in mir die Tage.

Ich kann mich nicht erinnern,
wann eine Sekunde begann
und eine Stunde endete,
während das Gelb fällt.

Ich schätze, alles, was zählt,
ist, dass es von Neuem beginnt
und die Zeit mich lehrt,
aufzustehen, wenn auch ich falle.

So einfach?

Nicht
zurückblicken, umdrehen, alles ändern wollen.

Nie mehr
zweifeln, trauern, sich in Frage stellen.

Nur noch
vorwärtsgehen, abschließen, alles passieren lassen.

In Sicht

Schimmer ferner hoffnungsvoller Tage
entschwinden langsam in die leere Zeit,
bedecken noch die bangen Stunden
voll sinnestrübender Einsamkeit.

Was aus Frohsinn Tränen schuf,
macht nun aus Liebe Hass,
fügt mir tiefe Wunden zu,
die ich der Zeit überlass.

Verloren scheint das einst'ge Glück.
Doch weiß ich nur zu gut,
mit nichts kommt
nichts zu mir zurück.

Ich stehe auf und warte nicht.
Will schnell laufen und es fassen.
Da kommt das Glück in Sicht,
will's halten, nie mehr fallen lassen.

Wandel

Weich und warm am Boden meiner Welt.
Hart und herzlos am Boden meiner Realität.

Eingehüllt in Gleichgültigkeit,
sehe ich aus dem gläsernen Fenster.
Alsbald es zerbricht, erkenne ich,
dahinter lag Erlösung, all die Zeit.

Und wie ich mich wandle im Selbst,
wandelt sich mit mir die Wirklichkeit.
Wirklich wird das Wunder,
das so fern mir lag.

Ein Wort ist ein Wort zuviel,
in diesem Moment puren Lebens.
Als ich erkenne, dass ich Teil bin
und fähig zu gestalten.

Neue Gedanken

Wie schön ist der Gedanke,
dass nichts falsch sein kann,
wenn nichts im Leben vergebens ist.

Und mit jedem Fehler,
der mit mir mitschritt,
kam danach die Erkenntnis
darüberzustehen.

Lernen zu ändern.
Lernen zu erneuern.
Lernen zu erkennen,
dass es nicht zu spät ist,
es umzukehren.

So werden
aus all meinen Schwächen
ganz allmählich Stärken.

Mut

Leise, wie auf Engelsflügeln sachte,
doch in dir bebend voll freudiger Erregung,
wird endlich etwas geweckt,
das sich Zufriedenheit nennen könnte.

Dein Glück besteht aus mehr als dieser Tat.
Gewissheit, einmal nur für sich zu leben.
Auf neuen Wegen wandelt sich,
was vorher von Verfall ergriffen.

Selbst ein Umweg wäre kein Verlust,
nur ein Weg zu dir selbst,
auf dem Augenblicke warten,
auf dem Sehnsüchte streiten,
auf dem du mit mir bist
bei jedem Schritt.

Verändert

In mir spielt eine Melodie,
so unüberhörbar.
Töne reihen sich aneinander,
die ich noch nie zuvor gehört.

In der Luft liegt Veränderung,
so alles erneuernd.
Ich atme,
als hätte ich es noch nie zuvor getan.

Die Masse – I: Mein Kampf

Lachende Gesichter, wie Spott in meinen Augen.
Inmitten der breitgrinsenden Masse stehe ich,
in meiner eigenen Pein – im Tief des Tages.

Meine Hand zuckt auszuschlagen in die Fratzen,
meine Lippen beben vor unterdrückten Worten der Verachtung
und in Trauer regen sich meine Augen.

Eine perlende Träne zeigt sich, so schön und schwer beladen.
Das Gelächter dringt in mich ein, macht mich wahnsinnig,
während ich stehe und stehe und stehe.

Die Masse wechselt ihr Gesicht, immer und immer wieder.
Tausende, taumelnde Schemen der scheinbaren Zufriedenheit.
Für mich nur diffuse Schatten, die an einem Strang ziehen.

Was wissen sie vom Kampf, den ich kämpfe?
Was wissen sie von all den Anstrengungen?
Was wissen sie von den Narben, die ich trage?

Sie wissen nur, dass ich den Kampf verlor.
Und das ist alles, was für sie zählt.
Denn so bin ich fehlerhaft, Mensch wie sie, und doch ...

Ich lernte und ich lebte und ich stand immer wieder auf
und selbst als Verlierer verlor ich mich nie selbst.
In meinen Augen glänzt immer noch Hoffnung.

In den Augen der breiten Masse erkenne ich nichts.
Augen, so leer, so schwarz, so tot – so angepasst.
Kein Wille des Einzelnen zählt. Mitläufer jedweder Art.

Noch immer lacht es sich gut, noch immer stehe ich in ihrer Mitte.
Als sich mein Mund öffnet zum Schrei, verstummen alle anderen.
Die Masse bebt, fällt in sich zusammen wie ein Kartenhaus.

Ich habe ihnen den Halt gestohlen, die Sicherheit der Menge,
denn ich und mein Willen passen nicht in ihr Schema.
Wer rechnet heute schon mit Standhaftigkeit und Widerrede?

Die Masse – II: Pulsschlag

Lachende Gesichter. Schlagzeile:
Breitgrinsende Masse spottet dem
Tief des Tages.

Hand zuckt auszuschlagen in die Fratzen,
Lippen beben vor noch unterdrückten Worten,
in Trauer regen sich Augen.

Die Masse wechselt ihr Gesicht, während wir
stehen und stehen und sehen.
Tausende, taumelnde Schemen scheinbarer Zufriedenheit.

Nicht-Wissen
um die Narben der Zeit.
Fehlerhafter Mensch, verliere!
dich nicht selbst

augen leer
augen schwarz
augen tot
angepasst

mitläufer, willenlose – es lacht sich gut
inmitten: ein Schrei.

Halt gestohlen, Schema gesprengt,
wider geredet.

Augen voll Hoffnung,
Augen tiefblau,
Augen, die leben.
Optimist.
Ich.

Euer Kartenhaus zerfällt.

Nur ein bisschen

Nur ein Stückchen mehr,
nur ein bisschen mehr Teil des Ganzen sein,
ein bisschen gleicher, ein bisschen näher,
ein bisschen wissender, ein bisschen glücklicher
und immer ein bisschen Ich selbst sein.
Ein bisschen schneller, ein bisschen weiter denken,
ein bisschen inniger, ein bisschen aufopfernder lieben,
ein bisschen mehr akzeptieren, ein bisschen mehr tolerieren
und immer ein bisschen Nein sagen können.
Ein bisschen mehr Anerkennung,
ein bisschen mehr erkennen, dass der Kampf sich lohnt,
dass der Weg zum Ziel nicht immer gleich weit entfernt bleibt.
Ein bisschen mehr fühlen, ein bisschen tiefer gehen,
ein bisschen mehr von mir selbst erkennen
und einfach ein bisschen mehr einfach Ich sein.

Leben und Lassen

Ein Gedicht

Ein Gedicht!
Wenn Schnee kristallklar glitzert
und ich Eisblumen zaubere.
Wenn Starre dem wohlig warmen
Kribbeln in mir weicht.
Wenn Sehnsüchte so fern
in meinen Ohren klingen.
Wenn ich empfinde,
was nicht zu greifen ist.

Ein Gedicht!
Wenn die Welt zu schnell wird
und mich mitzureißen droht.
Wenn ein bloßer Blick nichts fängt
und meine Augen tränen.
Wenn alles Gold verschwimmt
und alles Nichtige besteht.
Wenn Worte meine Kraft sein sollen,
um mich im Anderssein zu tragen.

Ein Tag.
Ein Gefühl.
Pures Glück.
Wenn alles, was mich durchströmt,
zu Schwarz auf Weiß wird.

Ein Gedicht?
Das bin ich.
Es zieht mich an.
Ich kleide es.

Erinnerungen

Ein Augenblick,
so endlos und beständig
wie das Branden der Wellen an die Ufer,
so flüchtig
wie der Flügelschlag eines Schmetterlings.

Beide durchfuhren mich einst.
Kurze Zeitspanne.
Ein Blitz – Zeitlupe.

Das Meer wird nicht versiegen,
aber der Schmetterling seine Flügel niederlegen.
Wichtig ist nur die Erinnerung.
Das, was bleibt, ist gegangen.

Nie umsonst

Süße, unbekannte Zeiten
liegen hier in meiner Hand,
um unter ihr zu reifen,
wo andres mir entschwand.

Mit festem Griff, begreife ich,
wird's süße Früchte tragen.
Bin ich zu schwach, dann sicherlich,
wird mir die Frucht missraten.

Durch Höhn und Tiefen meines Lebens
wurd' ich geführt und auch gelehrt,
dass kein Schritt war vergebens
und nichts umsonst verehrt.

Bis ins Letzte

Auskosten.
Bis ins Letzte.
Aus fünf Minuten eine Stunde machen.
Den Augenblick zur Ewigkeit.

Jedes einzelne Sandkorn wollen meine Zehen erkunden,
in jede noch so kleine an- und abschwellende Welle versinken.
Nichts entgehen darf mir,
entgeht mir doch die Leichtigkeit zuweilen.

Bis dort hin. Bis dort hin.
Wo mich die Zeit nicht mehr findet.

Dort, wo der Horizont endet, und darüber hinaus.
Dort, wo das letzte Schiff müde in den Hafen fährt.
Dort, wo alle meine Träume begraben zu sein scheinen.

Und wenn ich nun laufe?
So langsam.
Wenn ich nie ankomme?
Die Sekunden verstreichen,
selbst, wenn ich stehen bleibe.

Mein Kampf mit der Realität.
Für euch vielleicht ein Hinauszögern,
für mich ein Auskosten.

Und wenn ich erwache,
aus Träumen, die ich nie träumte,
waren es doch nur fünf Minuten.

Doch fünf Minuten, die ich auskostete.
Bis ins Letzte.

Abschied

Die Zeit vergeht ohne Unterlass.
Kaum merklich nimmt sie alle Tage mit sich
schöne Erinnerungen hinterlassend.

Doch die Zeit hat nicht die Macht,
zu entscheiden, wann ein Abschied
auch ein Lebewohl ist.

Und so ist es das Wiedersehen,
das uns die Zeit bescheren wird.

Vom Gastsein

Im großen Saale findet sich,
trotz sittsam' Schweigen sicherlich,
noch an manchen Tisches Ort
ein wohl mehr unverhofftes Wort.

Es klagt von ungesung'nen Liedern,
von steifgesess'nen Gliedern,
von unerfüllt Gehör
übertönt von Maniers Chör'.

Denn, wo sittlich Ordnung ist,
wird nur fürs Auge aufgetischt.
Dort ist der Mund nur von Belang,
wenn er isst – mit mäßig Drang.

Betrachter sind sehr angenehm,
groß' Redner lieber ungesehn.
Könnt doch die heil'ge Etikette
am End' nicht mehr wert sein als die Serviette.

Der müßig Gang ein Gast zu sein,
wird nicht belohnt, und obendrein
ist nicht nur Gast zu geh'n bereit,
auch für'n Hausherrn wird es Zeit.

Der Abschied ist gar feierlich:
Man lügt dem andern ins Gesicht,
wie schön es war, ihr Gast zu sein
– und lädt zum nächsten Feste ein.

In uns

In uns vergehen die Tage.
Schwer zu erkennen,
wann eine Sekunde begann
und eine Stunde endete.

In uns herrscht ein Gefühl.
Zu nah, um uns davon zu entfernen.
Und mit jedem Schritt
wird die Vergänglichkeit bewusster.

In uns lebt das Wissen.
Da ist jemand, der wie wir
im Fluss der Zeit schwimmt
und sie mit uns teilt.

In uns keimt Erkenntnis.
Keine Träne ist es wert zu fallen,
wenn wir nur lernen können,
dass in uns so viel mehr ist als Vergangenheit.

In uns kehrt Ruhe ein.
Unsere Herzen schenken sich Gesten und Worte,
während die Hektik um uns kreist,
ohne uns wirklich zu berühren.

In uns sind Ziele.
Gedanken ferner Träume,
hinter einem Morgen oder Übermorgen,
die jedes Jahr versüßen.

In uns sind Wir.
Ganz vertraut nebeneinander,
fällt es uns leichter
sich in der Zeit nicht zu verlieren.

In uns war so viel.
Und längst noch nicht genug.
Gierig und schon schwebend
in tausend himmlischen Momenten mehr.

In uns liegt alles, was wir brauchen.

Ton in mir

Das Leben klingt in mir
wie ein Ton meines stummen Pianos,
das dem Sonnenschein entgegenweint
und mich bittersüß spüren lässt,
dass nichts vollkommen
und doch alles ein Wunder ist.

Lied des Lebens

Mit jedem Tastenhieb
so seicht und fließend
auf das Piano
so verstaubt und einsam
mit jeder Note
so hell und sanft
so dunkel und grob
durchzieht ein Schmerz
so rein und tragisch
meine Brust.
Mein Herzschlag.
Er hallt
noch lange
nach.
Aus dem Rhythmus
gerissen.
Es weht ein
Wind
so stürmisch
allumfassend.
Stolperndes Pochen
selbst
wenn der letzte Ton
bereits
so lange
so unwiderruflich
verstummt
ist.
Das Lied des Lebens.

Ausgefunktanzelt.

Hand in Hand
auf zuckergrünen Wiesen.
Nackte Zehen
bekribbeln Pusteblumen.
Zauberflockentanz.
Gebannte Funkelaugen.
Spiegeln sich
im verzauberten Strom
der Abenteuer,
den wir beschützten.
Lachende Stimmchen
in uferloser Zeit.

Übrig
ein Paar zerfledderte Lieblingsschuhe,
zwei abgeschnittene Kinderlocken
ins Freundschaftsband geflochten,
drei Nicht-Kristalle aus dem sumpfigen Bach,
viel zu viele Narben und
schmerzend vorgetäuschte Gleichgültigkeit,
während gelbgiftiger Löwenzahn
sich verwandelt.

plakatiert

Ich verändere die Welt.

mit-leid im großformat
an gelbgrün-verwitterter mauer
daneben
springt mir das geld
aus den taschen
aus der dritten für
die ersten-besten portemonnaies.
dann
hell erleuchtet
hinter schützendem glase
sehe ich
bestickte schleier aus seide,
ornamente der armut.

die welt verändert mich

Ein Wort und meine Bedeutung

Erinnerung.
an die Zigarette
da seh' ich die leere Hülle
die Pille
mit meinem Fuß trete ich

Wut.
ich handle
sehne mich
verzehre mich
sie freizulassen

Unsicherheit.
was wird wohl
mit uns passieren,
und in der Zeit

darf ich fragen?
gäbe es Leben
oder bleibt nur der Tod?
so viele Fragen

Mir ist heute nicht zumute.

Glaube.
die Erfahrungen einteilen
sich
aufrichten
und weitergehen
leben
und streben

danach

sterben

Momente

Wenn sommerlich bemalte Himmel
sich im Wolkenkreise drehen,
bis sie winterlich zusammenbrechen,
nachhallend über mir.

Wenn ungestüm neigende Gräser
sich im Winde vermischen,
bis sie sich gebeugt still niederlegen,
nachwehend in mir.

Wenn verführerisch blaue Wasser
sich aufwogend überschäumen,
bis sie brechen klar zu meinen Füßen,
nachwogend in mir.

Wenn zornig flackernde Lichter
sich züngelnd der Dunkelheit verschreiben,
bis sie erlöschen voller Durst,
nachbrennend in mir.

Dann
ist es Realität.
Ist es Lüge.
Ist es Erwachsensein.

Wenn ich herausfalle
aus meinen Kinderschuhen
und mir meine Träume
nicht mehr passen.

Nachbebend in mir.

weil es wichtig ist ...

Anker

für Kilian

Keine Sekunde verging
und zwischen uns
war ein Band
fest vertäut.

Ein Halt so gewiss,
selbst bei Stürmen
bleibe ich
dein Felsen.

Ich gebe dir
das Ruder in die Hand,
doch liegt meine stets
schützend über dir.

Wenn du die Segel setzt,
lasse ich dich treiben,
doch verfolge deinen Kurs
mit festem Blick am Horizont.

Ich bleibe dein Hafen,
wenn du müde bist,
du Sicherheit brauchst,
du Heimat suchst.

Und während du
lernst zu leben,
lerne ich
loszulassen.

Wir sind Flut und Ebbe.
Und wenn du zu kentern drohst,
hole ich die Leinen für dich ein,
vertäue dich, verwurzle dich.

In mir.

Frieden mit mir

für ARB

akzeptieren
sich selbst
fällt so schwer
die anderen
wortlos
neben mir
sind so laut
machen mich
so klein
und dabei
bin ich
die Andere
anders
sein
sein lassen
mich
und die anderen
mit der Zeit
leben lernen
trotz
der anderen
trotz
dem Anderssein
irgendwann
sich lieben lernen
irgendwann
Ruhe
nicht mehr laut
friedliche Stille

in mir
Gleichklang
meiner Farben
hinter
blauen
Augen

Danksagung

Ich danke meinem Mann, der mich liebt, weil ich bin, wie ich bin.

Ich danke meinem Sohn, der mir mit jedem echten Lächeln vor Augen führt, was wirklich wichtig ist.

Ich danke meiner Familie, die nie hinterfragt hat, wer ich bin.

Ich danke allen, die immer an mich geglaubt und mich unterstützt haben.

Ich danke der Gabe, die ich habe, Dinge entschleunigt zu betrachten.

Ich danke dem Leben, welches es trotz schwerer Hürden am Ende immer gut mit mir meint.

Ich danke dem Anderssein.